AF268311

# ASSEMBLÉE GÉNÉRALE DES CATHOLIQUES

## DE PARIS

### 1886

# RAPPORT

SUR LE

# COMITÉ CATHOLIQUE DE DIJON

PAR

## M. J. BRESSON

SON PRÉSIDENT

PARIS

IMPRIMERIE F. LEVÉ

17, RUE CASSETTE, 17.

—

1886.

# RAPPORT

SUR

# LE COMITÉ CATHOLIQUE DE DIJON

---

Messieurs,

Ce n'est pas à vous qu'il est nécessaire de montrer de quelle utilité sont, pour les intérêts religieux de la France, ces Assemblées générales des catholiques, qui réunissent périodiquement, depuis quinze années, des chrétiens venus de tous les points du pays pour se concerter, sous la direction des hommes éminents qui mettent au service de la cause de l'Église la plus mâle énergie et la plus splendide éloquence.

Mais ces réunions, brillantes par le nombre de ceux qui y assistent, plus efficaces encore que brillantes par le courage qu'on y puise et par les résolutions qu'on y prend, ne représentent pas tout le travail qui s'accomplit en France pour la défense de la religion persécutée. Sur tous les points du territoire, d'obscurs ouvriers sont constamment à l'œuvre, dépensant leur activité et usant leurs forces dans des luttes ignorées et sans cesse renaissantes, et, dans le champ restreint où se concentrent leurs efforts, opposant à des attaques qui se succèdent sans relâche une infatigable résistance. C'est ainsi qu'à la guerre, il n'y a pas seulement les grandes batailles qui illustrent les chefs qui commandent et les armées qui s'entrechoquent, mais encore une série de petits combats qui préparent ou suivent les grandes journées, et dans lesquels l'héroïsme des soldats n'est ni moins digne de louange, ni moins utile à la patrie.

Il a paru bon aux organisateurs de cette Assemblée de mettre en évidence l'action des Comités catholiques des départements; et, faisant à celui de Dijon un honneur singulier et certainement immérité, ils l'ont désigné pour vous faire connaître, par un exemple qui certainement aurait pu être mieux choisi, ce qui se passe et ce qui se fait dans la province. Partout en effet se reproduisent les violences dont vous avez à Paris, sous les yeux, le douloureux spectacle; partout on résiste comme vous à l'iniquité; aussi, dans le court exposé que je vais avoir l'honneur de vous soumettre, vous reconnaîtrez votre propre histoire.

Notre Comité est ancien déjà. Ce serait en effet une erreur de croire que la persécution religieuse est de date récente, et que son origine ne remonte qu'à cette époque peu éloignée où le régime politique sous lequel nous vivons a reçu sa forme la plus complète et a donné sa véritable signification. Dans les derniers temps de l'Empire, le pouvoir, qui avait abandonné et trahi la cause de la Papauté, donnait des gages à l'esprit d'impiété et flattait les instincts révolutionnaires, et vous savez tous qu'un ministre de l'instruction publique, fidèle interprète d'une plus haute pensée, commençant contre l'éducation chrétienne une guerre dont, je veux bien le croire, il ne devinait pas toute la portée et ne prévoyait pas le développement, provoquait par ses entreprises audacieuses les protestations de l'épiscopat et des catholiques que Mgr Dupanloup a si éloquemment soutenues.

Mais c'est surtout après la chute de l'Empire que s'est altérée d'une manière plus grave l'harmonie qui devrait toujours exister entre l'autorité civile et l'Église, et que l'on ne craignit pas de léser ouvertement des droits certains et de blesser les plus respectables intérêts.

Or, il y avait à Dijon quelques hommes qu'unissaient la profession de la même foi et la participation à des œuvres semblables. Se voyant souvent, ils aimaient à conférer entre eux des choses du temps, et ils avisaient ensemble aux meilleurs moyens de venir en aide à ceux qui réclamaient leurs bons offices. Aucune désignation ne signalait au public leur existence collective; ils agissaient à titre purement individuel et privé.

Lorsqu'ils eurent connaissance de la formation à Paris d'un Comité catholique, ils comprirent l'utilité qu'il y avait pour eux à se mettre en relations avec ce Comité, pour solliciter ses conseils, s'éclairer de son expérience et marcher de concert avec lui, l'unité de direction étant la condition indispensable du succès. Ils estimèrent aussi que le moment était venu de sortir de leur réserve et d'appeler à collaborer avec eux quelques hommes dont l'autorité et les lumières donneraient plus d'efficacité à leur action. Ils firent auprès de leur évêque, pour lui faire connaître leurs intentions, une démarche qui fut accueillie avec la plus extrême bienveillance ; et même, dans la retraite ecclésiastique de 1872, le vénéré prélat fit connaître officiellement à son clergé l'existence du Comité de Dijon, l'invitant à recourir à lui dans les difficultés qu'il rencontrerait.

A son origine, le Comité dijonnais était principalement un comité de contentieux : non pas qu'il aimât les procès et qu'il cherchât les occasions de faire du bruit ; à la publicité souvent fâcheuse des débats judiciaires ou du journalisme, il préférait les voies amiables et les démarches auprès des administrations publiques ; et comme, à cette époque, il n'y avait pas encore chez les chefs de ces administrations ce parti pris d'hostilité que nous rencontrons

trop souvent aujourd'hui, il n'était pas rare d'obtenir justice quand on faisait valoir de bonnes raisons. En cas de
nécessité cependant, le Comité ne reculait pas devant
l'emploi de moyens énergiques ; ainsi, en 1873, un journal
de Semur ayant cité, avec des commentaires malveillants,
les noms de personnes qui avaient pris part à un pieux pè-
lerinage, le Comité n'hésita pas à faire poursuivre la feuille
coupable d'une incursion illégitime dans le domaine de la
vie privée ; sur la plaidoirie d'un de ses membres, le jour-
naliste fut condamné, et la Cour de cassation, par un
arrêt du 28 février 1874, consacra la doctrine qui avait
triomphé devant celle de Dijon.

Le Comité vit bientôt son influence grandir et s'élargir le
cercle dans lequel il s'était jusque-là renfermé. Il ren-
contra de précieuses sympathies, et, le nombre de ses
adhérents s'augmentant, il voulut se faire une situation
régulière, et il obtint le 22 mars 1875 l'autorisation administrative nécessaire à toute association composée de plus
de vingt personnes. Son organisation est des plus simples.
Ses membres doivent payer une cotisation annuelle de
25 francs, et un conseil pris parmi eux fait le travail et
expédie les affaires.

Vous n'attendez pas de moi, Messieurs, que je vous
raconte par une énumération fastidieuse, qui serait du reste
dépourvue d'utilité, les nombreux travaux du Comité, les
avis qu'il a donnés, les démarches qu'il a faites, les diverses
œuvres dont il a eu l'initiative ou auxquelles il a collaboré.
Il suffira de dire que son labeur a été ininterrompu, que ses
archives conservent une volumineuse correspondance, qu'il
a toujours été prêt à répondre à toutes les demandes, à
élucider toutes les questions, à résoudre tous les problèmes,
et qu'il s'est toujours tenu à l'entière disposition de ceux
qui se sont adressés à lui. J'indiquerai toutefois quelques
consultations portant sur des questions de droit d'un intérêt

général, et qui, à ce titre, ont été accueillies et publiées dans la *Revue catholique des institutions et du droit*.

En 1876, un membre du Comité a démontré l'illégalité d'un arrêté par lequel le maire de Grenoble imposait à tous les enfants l'obligation d'aller à la mairie chercher un certificat leur ouvrant l'entrée des écoles publiques ou libres, et leur interdisait de changer d'école, sinon à la rentrée des classes et aux vacances de Pâques.

En 1877, il a réfuté la doctrine contenue dans une circulaire par laquelle M. Jules Simon, alors ministre de l'intérieur, essayait d'entraver un pétitionnement qui se faisait en faveur du Souverain-Pontife.

En 1878, il a soutenu, contrairement à une opinion émise par M. le préfet de la Côte-d'Or, qu'une commune a le droit d'expropriation quand elle veut se procurer un terrain destiné à la reconstruction d'une chapelle de secours légalement érigée.

En 1879, il a fait une étude sur les questions de compétence soulevées par le renvoi des instituteurs et des institutrices congréganistes.

En 1880, enfin, il a rédigé un mémoire destiné à faire connaître les limites du droit que les communes possèdent sur les églises.

Dans les premières années de notre régime républicain, c'était surtout dans les conseils municipaux que se manifestait la haine anti-religieuse, et elle se traduisait par des vexations contre les curés et contre les religieuses institutrices. Voici quelques faits pris au hasard.

En 1875, le curé de Précy-sous-Thil fut grossièrement diffamé dans une délibération du conseil municipal de sa commune: d'après nos conseils, il fit poursuivre et condamner ses diffamateurs.

La même année, le conseil municipal de Dijon refusa de payer le traitement des Sœurs de la Charité, institutrices communales, sous le prétexte qu'elles n'étaient munies, conformément toutefois à la législation alors existante, que d'une lettre d'obédience. Cette exigence illégale était d'autant plus inique qu'à la même époque, une des institutrices communales laïques enseignait sans brevet, en violation flagrante de la loi. Le Comité fit les démarches nécessaires pour leur faire rendre leur traitement.

Mais le conseil municipal se vengea sur les élèves de l'échec que les maîtresses lui avaient fait subir. Il supprima toute allocation pour les prix des écoles congréganistes, réservant ses plus amples faveurs pour les écoles laïques. Le Comité ouvrit immédiatement une souscription pour ne pas laisser les premières dans un état fâcheux d'infériorité relativement aux secondes; et, comme depuis, la même injustice s'est reproduite tous les ans, tous les ans aussi le Comité catholique a ouvert une souscription quand il n'a pas pu faire face à la dépense au moyen de ses ressources personnelles.

En 1878, le même conseil municipal voulut enlever le caractère communal à plusieurs écoles congréganistes. Le Comité démontra l'illégalité de sa délibération qui constituait une usurpation sur les attributions du conseil départemental; — mais deux ans plus tard, les choses changèrent, et ce fut le conseil départemental lui-même qui autorisa la suppression de deux écoles congréganistes. Le Comité dut se borner à donner ses avis pour la constitution d'une Société civile qui se forma dans le but de substituer une école libre à une école municipale supprimée.

En 1879, le Comité ne put pas réussir à faire maintenir à son poste une religieuse institutrice dont le renvoi était demandé dans les circonstances que voici. Le conseil municipal de la commune de Ruffey demanda le remplacement par une laïque de la Sœur qui, n'ayant pas de brevet, ne lui paraissait pas posséder les connaissances suffisantes pour enseigner l'alphabet aux petites filles du village. La Sœur en est informée ; elle court à Vesoul où se tenait une session d'examen, est reçue la première de toutes les postulantes, et revient avec le certificat officiel. Succès inutile ! De la délibération du conseil municipal, l'autorité scolaire ne veut pas voir les motifs qui ont cessé d'exister, mais seulement le dispositif qui demande une proscription ; c'est en vain qu'une pétition est couverte de signatures ; la religieuse est expulsée.

A Dijon, il y avait un cimetière qui avait reçu, depuis le commencement du siècle, les restes mortels des habitants. Le conseil municipal voulut le fermer, et en ouvrir un autre à une grande distance de la ville. Grand émoi dans la population atteinte dans son culte pour les morts ! On la prive en effet de la douce et triste consolation d'aller pleurer et prier sur la tombe d'êtres tendrement aimés, et de traduire au dehors ses regrets et sa douleur par l'entretien de sépultures souvent visitées. Le motif de ce changement n'était pas le prétexte faussement allégué des exigences de l'hygiène publique, mais, comme il a été avoué cyniquement à l'un des nôtres, le désir de ne plus voir le clergé accompagner les convois funèbres, et suivant l'expression employée, se promener dans les rues. Le vœu public n'était pas douteux ; il s'est affirmé par les protestations qui, trois jours durant, se sont produites, du matin au soir, à l'enquête administrative, et par 3686 signatures recueillies en quelques jours au bas d'une pétition. Elles n'eurent pas plus de succès que les excellentes et décisives raisons déduites dans des brochures et dans des articles de journaux. La secte avait parlé, l'autorité supérieure obéit.

En même temps que les vexations locales, se produisit la guerre générale que le gouvernement dirigea contre l'enseignement chrétien et les congrégations religieuses.

Lorsque, en 1876, la liberté d'enseignement fut menacée la première fois par un projet de loi qui tendait à attribuer à l'État seul le droit de collation des grades, le Comité de Dijon s'associa au pétitionnement qui fut organisé pour obtenir le maintien de la législation qu'on voulait supprimer.

Puis vinrent les lois qui rendirent l'enseignement primaire, gratuit, laïque et obligatoire. Un nouveau pétitionnement fut dirigé, en 1879, contre le premier de ces projets. Le Comité de Dijon envoya à celui de Paris 5,110 signatures d'hommes et 1,058 protestations de femmes chrétiennes. Il distribua 4,000 exemplaires des éloquents discours de MM. Baragnon, Depeyre et de Mun. Il prit une part active à toutes les manifestations qui se produisirent et à tous les efforts qui furent tentés pour empêcher l'adoption de ces lois qui, sous le masque trompeur d'une neutralité impossible, ont pour but de faire rétrograder la France et de la ramener à un état pire que le paganisme. Il facilita aux pères de familles la déclaration de scolarité à laquelle on les assujettissait dans le but évident de dépeupler les écoles libres et chrétiennes au profit des écoles publiques et athées.

En 1884, pour se conformer au désir exprimé par la Société générale d'Éducation et d'Enseignement, il dressa des écoles libres du département de la Côte-d'Or une statistique de laquelle il résulta qu'à cette date, sans compter les institutions laïques, il y avait des écoles primaires de cette nature, dans 7 communes pour les garçons, et dans 61 pour les filles, renfermant ensemble plus de 4,600 élèves. Un gouvernement qui se rendrait compte de sa mission et qui comprendrait ses devoirs serait heureux d'encourager de tout son pouvoir ces maisons qui ne demandent rien au budget de l'État, et qui donnent à l'enfance un enseignement si parfait et si bien approprié à ses besoins moraux et intellectuels. Mais on sait le sort qu'il leur prépare au moyen d'une loi plus oppressive encore que les précédentes, et que le Sénat n'a pas eu honte d'adopter. Les catholiques de la Côte-d'Or joignent avec empressement leurs protestations à celles qui se produisent dans toute la France, et le 23 mai au matin, le Comité de Dijon avait fait à celui de Paris un premier envoi de 5,974 signatures (1).

Je viens de nommer la Société générale d'Éducation et d'Enseignement. C'est d'elle principalement que, dans notre campagne scolaire, nous avons suivi la direction; ce sont ses conseils qui nous ont guidés et ses exemples qui nous ont soutenus. Je saisis avec empressement cette occasion de rendre, au nom du Comité de Dijon, un public hommage aux hommes éminents qui sont à sa tête, et de payer à leur vigilance, à leur zèle et à leur sagesse un tribut d'admiration et de reconnaissance.

Quant aux congrégations religieuses, on veut les anéantir, et pour y parvenir on a employé successivement deux tactiques.

On s'en est pris d'abord aux congrégations non autorisées, et le décret du 29 mars 1880 ordonna leur suppression. Les membres du Comité de Dijon n'oublieront jamais cette nuit du 4 novembre qu'ils ont passée au couvent des Dominicains en compagnie de nombreux amis des religieux qu'on allait chasser de leur domicile, cette sommation brutale de la police, cette ferme protestation au nom du droit violé, ces portes de cellules enfoncées les unes après les autres, ces religieux jetés dans la rue, le Saint-Sacrement enlevé du Tabernacle, les scellés apposés sur une chapelle désormais vide, le premier président de la Cour accourant en toute hâte, faisant comparaître devant lui le commissaire de police, et dressant de ce qu'il voyait et entendait un procès-verbal authentique, première pièce d'une instruction judiciaire. Vous ne me demanderez pas, Messieurs, ce qu'il est advenu de ce courageux magistrat,

_________

(1) Le nombre des signatures est aujourd'hui, 20 août, de 8,691.

qui, le seul en France, a constaté le flagrant délit au moment même où le crime s'accomplissait ; ni du président du tribunal qui affirma la compétence du pouvoir judiciaire pour connaître de la violation du droit de propriété. Tous deux ont cessé de figurer dans les rangs de la magistrature dite épurée.

Après les congrégations non autorisées, vint le tour des congrégations autorisées. Celles-ci on ne les tue pas, on veut seulement les empêcher de vivre. A la mort violente on substitue la mort par la faim. On fait semblant de croire qu'elles ont des richesses qu'elles déguisent, des trésors qu'elles cachent ; on cherche à exciter contre elles les basses convoitises et les honteuses cupidités par des suppositions auxquelles les faits apportent le plus éclatant démenti ; on les force à présenter l'inventaire de ce qu'elles possèdent pour préparer plus aisément cette confiscation que le radicalisme appelle à grands cris. Une administration fiscale des plus habiles met au service d'une odieuse persécution toutes les ressources de son intelligence et de son savoir, et elle trouve, à tous les degrés de sa hiérarchie, une docilité et un empressement que ne rebute aucune exigence et qui ne recule devant aucune complicité.

C'est ainsi que parurent successivement et la loi du 29 décembre 1880 qui assujettit à un impôt de 3 0/0 le revenu des Congrégations ; et la loi du 28 décembre 1884 qui aggrava les rigueurs de la première, et frappa d'une contribution énorme le capital lui-même, sans épargner le bien des pauvres.

Ces lois sont d'une application difficile ; les circulaires des chefs de l'administration et l'ardeur souvent inconsidérée des agents subalternes compliquent encore les choses, et exposent les communautés à d'injustes vexations. Pour les protéger, il s'est formé à Paris un Comité spécial, composé des jurisconsultes les plus distingués, et présidé par un homme de l'esprit le plus élevé et du plus noble caractère : j'ai nommé M. de Mackau. A Dijon, le Comité catholique s'est chargé de la même tâche. Il a correspondu activement avec le Comité de Paris, et a transmis ses instructions aux communautés du diocèse ; lui-même s'est mis en rapport avec les Congrégations, et par ses conseils incessants, ses démarches multipliées, sa correspondance de tous les instants, au prix de fatigues considérables, il a pu prévenir bien des difficultés, conjurer bien des périls, et mettre ses clientes en état de donner au fisc la satisfaction qu'elles lui devaient, sans lui permettre d'outrepasser ses droits et sans compromettre leurs intérêts.

Et ici, Messieurs, qu'il me soit permis de répondre un mot à une accusation partie de trop haut pour qu'on dédaigne ou qu'on néglige d'y répondre. On a dit, à la tribune de nos Assemblées parlementaires, que, pour éviter l'effet des nouvelles lois fiscales, les Communautés avaient dressé une comptabilité fictive et dissimulé la vérité de leur situation. Si j'en juge par ce qui s'est fait à Dijon, cette imputation n'est qu'une grossière calomnie. Les avocats auxquels les Communautés ont fait l'honneur de demander des conseils, leur ont toujours recommandé, et certes il n'en était pas besoin, d'apporter la plus grande sincérité dans leurs écritures et dans leurs déclarations, et cela, non pas dans la crainte des pénalités auxquelles une rélicence les exposerait, mais dans un sentiment d'honneur et de délicatesse auquel on aurait dû épargner l'injure d'un soupçon. Il faut qu'on le sache : lorsque les agents du fisc réclament un impôt, même en vertu d'une loi injuste qui ne saurait obliger la conscience, les communautés religieuses paient, mais elles ne mentent pas !

Je m'arrête, Messieurs. A quoi bon prolonger cet exposé déjà si long, et pourtant si incomplet ? Que de choses, en effet, je pourrais y ajouter ! Quels détails je pourrais donner qui révéleraient au mieux le caractère de l'époque et les motifs secrets qui font agir les hommes! Que de faits intéressants, quels épisodes curieux d'une persécution incessante j'aurais à raconter! Mais il faut se borner et ne pas fatiguer outre mesure une attention qui doit se porter sur bien d'autres objets plus importants!

Le Comité de Dijon aurait un désir à exprimer, un vœu à former. C'est que tous ces hommes qui ont à cœur les intérêts de la religion et ceux de la patrie, tous ceux dont les intentions sont droites et le cœur est honnête, ne se bornent pas à nous envoyer des paroles de sympathie, mais nous prêtent un actif concours. Le jour où tous les bons citoyens comprendraient la nécessité et le devoir de contribuer, par leurs efforts directs et personnels, à la défense de l'ordre religieux et social, ce jour-là la France serait sauvée. Si dans chaque canton, et pourquoi ne le dirais-je pas? dans chaque commune, nos Comités de département pouvaient compter sur un auxiliaire résolu et dévoué, on aurait bien vite formé les cadres d'une puissante armée qui serait l'armée du bien, l'armée libératrice.

En attendant l'accomplissement de ce vœu et la réalisation de cette espérance, nous sommes, en province, ce que vous êtes à Paris : nous sommes des vaincus. Chaque année ajoute une défaite à nos défaites, un succès aux succès de nos adversaires. Mais nous ne perdons pas courage. Nous sommes sur la brèche et nous y restons. Et si nous ne pouvons pas entrevoir encore, à travers les sombres nuages qui nous dérobent la vue de l'avenir, l'étoile du salut, nous tenons au moins nos regards fixés sur la croix, l'unique espoir des chrétiens, et nous nous fortifions dans cette pensée que si les hommes passent et meurent, le droit et la justice sont éternels et ne périssent pas.

PARIS. — IMPRIMERIE F. LEVÉ, RUE CASSETTE, 17.